Finanças Pessoais e Investimentos

Aprenda a gerenciar suas finanças pessoais e fazer investimentos com inteligência.

Édna Lessa
2024

TODOS OS DIREITOS RESERVADOS
2024

Nenhuma parte desta publicação pode ser reproduzida, distribuída ou transmitida de qualquer forma ou por qualquer meio, incluindo fotocópia, gravação ou outros métodos eletrônicos ou mecânicos, sem a permissão prévia por escrito do editor, exceto para breves citações incorporadas em revisões críticas e outros usos não comerciais específicos. Qualquer réplica não autorizada desta obra é proibida.

Visão geral

Você aprenderá como organizar suas finanças pessoais de forma eficiente e como fazer investimentos inteligentes para garantir um futuro financeiro sólido. Abordaremos tópicos como orçamento, controle de gastos, poupança, investimentos em diferentes tipos de ativos e muito mais.

Ao final , você estará capacitado(a) a tomar decisões financeiras mais conscientes e a aproveitar as oportunidades do mercado de investimentos

Orçamento pessoal e controle financeiro

1 Tópico: Orçamento pessoal e controle financeiro

Introdução

O orçamento pessoal e o controle financeiro são fundamentais para alcançar estabilidade econômica e atingir objetivos financeiros a curto e longo prazo. Neste tópico, exploraremos os conceitos e práticas relacionadas a essas duas áreas da gestão financeira pessoal.

Aspectos do orçamento pessoal

Definição

O orçamento pessoal consiste na organização e planejamento financeiro individual, alocando recursos para diferentes categorias de gastos e receitas. É uma ferramenta essencial para entender e controlar as finanças pessoais, permitindo a tomada de decisões informadas sobre o uso do dinheiro.

Etapas para criar um orçamento pessoal

1. Determinar a renda: listar todas as fontes de renda, como salário, benefícios, aluguéis, entre outros.
2. Identificar os gastos fixos: tais como contas mensais, aluguel, condomínio, transporte, alimentação, entre outros.
3. Avaliar os gastos variáveis: aqueles que podem variar de acordo com cada mês, como lazer, viagens, presentes, entre outros.
4. Estabelecer metas financeiras: definir objetivos realistas e tangíveis, como a compra de um imóvel, a criação de uma reserva de emergência ou a quitação de dívidas.
5. Criar uma planilha de orçamento: registrar todas as receitas e gastos mensais, categorizando-os e acompanhando-os regularmente.

Controle financeiro pessoal

Definição

O controle financeiro pessoal refere-se ao monitoramento e administração contínua das finanças pessoais. É um complemento ao orçamento pessoal, permitindo a análise da saúde financeira e a identificação de áreas que necessitam de ajustes.

Práticas para alcançar um controle financeiro efetivo

1. Análise de despesas: revisar e analisar regularmente todas os gastos pessoais, identificando quais podem ser reduzidos ou eliminados
2. Poupança e investimento: estabelecer metas de poupança, criar uma reserva de emergência e considerar opções de investimento para aumentar o patrimônio.
3. Redução de dívidas: identificar e priorizar o pagamento de dívidas, evitando juros excessivos e buscando estratégias para amortizá-las.
4. Acompanhamento de receitas e despesas: registrar todos os ganhos e gastos em uma planilha ou aplicativo financeiro para acompanhar o progresso financeiro.
5. Revisão e ajustes periódicos: avaliar regularmente o orçamento e as metas financeiras, realizando ajustes necessários de acordo com as circunstâncias.

Orçamento pessoal e controle financeiro: Compreender a importância de um orçamento pessoal e do controle financeiro é fundamental para manter as finanças em ordem. Através do equilíbrio entre receitas e despesas, é possível alcançar metas financeiras e evitar dívidas desnecessárias.

2 Investimentos de curto, médio e longo prazo

Introdução

Os investimentos desempenham um papel importante nas finanças pessoais, permitindo que as pessoas façam seu dinheiro trabalhar para elas. Existem diferentes prazos de investimento, cada um com suas próprias características e objetivos. Neste tópico, exploraremos os investimentos de curto, médio e longo prazo, analisando suas características e como podem ser utilizados para alcançar diferentes objetivos financeiros.

Investimentos de curto prazo

Os investimentos de curto prazo são aqueles planejados para serem resgatados em um período de até um ano.

Eles são adequados para atender necessidades de curto prazo, como a criação de um fundo de emergência, a compra de um bem durável ou o pagamento de uma viagem planejada.

As características dos investimentos de curto prazo incluem baixa volatilidade e liquidez imediata. Isso significa que esses investimentos são menos arriscados em comparação com investimentos de prazo mais longo, mas também oferecem um retorno potencialmente menor.

Alguns exemplos de investimentos de curto prazo são:

- Contas poupança
- Certificados de depósito bancário (CDBs)
- esouro Selic
- Fundos de renda fixa com liquidez diária

Investimentos de médio prazo

Os investimentos de médio prazo têm um horizonte de investimento entre um e cinco anos. Eles são adequados para objetivos financeiros de médio prazo, como pagamento de uma entrada para a compra de uma casa, financiamento de um curso de pós-graduação ou o planejamento de uma viagem de longa duração.

Os investimentos de médio prazo oferecem um equilíbrio entre risco e retorno, com uma volatilidade moderada. Os investidores devem estar dispostos a enfrentar alguma flutuação do mercado e podem precisar aguardar um período de tempo para aproveitar os benefícios.

Exemplos de investimentos de médio prazo incluem:

- Tesouro IPCA+

- Fundos de investimento multimercado

- CDBs com prazo de vencimento entre um e cinco anos

- Ações de empresas com bom histórico de desempenho

Investimentos de longo prazo

Os investimentos de longo prazo têm um horizonte de investimento acima de cinco anos. Eles são adequados para objetivos financeiros de longo prazo, como a aposentadoria, a educação dos filhos ou a compra de um imóvel.

Os investimentos de longo prazo têm maior potencial de crescimento e, geralmente, são mais voláteis. No entanto, essa volatilidade é amenizada ao longo do tempo, aproveitando o poder dos juros compostos. Os investimentos de longo prazo devem ser selecionados com base em uma estratégia de alocação de ativos de longo prazo.

Exemplos de investimentos de longo prazo incluem:

- Previdência Privada

- Ações de empresas consolidadas

- Fundos de investimento em ações

- Fundos imobiliários

- Tesouro Direto com vencimento após cinco anos

Investimentos de curto, médio e longo prazo: Conhecer as diferentes opções de investimentos de curto, médio e longo prazo é essencial para tomar decisões financeiras acertadas. Ao diversificar a carteira de investimentos e considerar o perfil de risco, é possível obter retornos significativos e alcançar objetivos financeiros.

Planejamento para aposentadoria

3 Planejamento para aposentadoria

Introdução

O planejamento para aposentadoria é uma etapa fundamental para assegurar a sua tranquilidade financeira no futuro. Neste tópico, vamos explorar as principais considerações e estratégias para um plano de aposentadoria sólido e eficaz.

Entendendo a Aposentadoria

A aposentadoria é um período em que deixamos de trabalhar e passamos a depender de recursos financeiros para custear nossas despesas diárias.
É um momento de descanso e aproveitamento da vida, mas também exige um planejamento adequado para garantir a independência financeira.

Estimando suasNecessidades Futuras

Antes de iniciar o planejamento para aposentadoria, é crucial entender seus objetivos e necessidades financeiras futuras.

Considere fatores como estilo de vida, gastos mensais, despesas médicas e viagens para determinar quanto dinheiro será necessário para manter seu padrão de vida durante a aposentadoria.

O Papel da Previdência Social

No Brasil, a Previdência Social desempenha um papel importante no sistema de aposentadoria. É fundamental entender as regras e requisitos para obter benefícios previdenciários, como a idade mínima e o tempo de contribuição necessários. Além disso, é importante avaliar se depender exclusivamente da Previdência Social será suficiente para atender suas necessidades financeiras na aposentadoria

Diversificação de Investimentos

Uma estratégia eficaz de planejamento para aposentadoria envolve a diversificação de investimentos. Distribuir seus recursos em diferentes classes de ativos, como ações, títulos e imóveis, reduzirá o risco e potencializará os retornos ao longo do tempo. É recomendável buscar orientação de um profissional financeiro para criar um portfólio adequado às suas metas e tolerância ao risco.

O Poder dos Juros Compostos

Os juros compostos são uma ferramenta poderosa para o crescimento dos investimentos ao longo do tempo. Quanto mais cedo você começar a investir para aposentadoria, maior será o efeito dos juros compostos em seu portfólio. Portanto, não subestime o impacto de iniciar um plano de poupança e investimento o mais cedo possível.

A Importância de Monitorar e Ajustar seu Plano

O planejamento para aposentadoria não é um processo estático. É essencial monitorar e fazer ajustes regulares em seu plano para garantir que ele esteja alinhado com suas metas e circunstâncias atuais. Alterações nos fatores econômicos, mudanças de vida pessoal ou profissional e eventos imprevistos podem exigir adaptações no seu plano de aposentadoria.

Maximizando Benefícios Fiscais

Aproveitar os benefícios fiscais disponíveis pode ajudar a impulsionar seu plano de aposentadoria. Analise as diferentes opções de investimento com vantagens fiscais, como Planos de Previdência Privada, PGBL e VGBL. Compreender como esses produtos funcionam e como eles se encaixam em sua estratégia global de aposentadoria pode otimizar seus recursos financeiros.

Considerando Seguros e Proteções

Além dos investimentos, é importante contemplar a inclusão de seguros e proteções em seu plano de aposentadoria.

Coberturas como seguro de vida e de saúde podem fornecer uma rede de segurança financeira para você e sua família, garantindo que possíveis imprevistos não impactem negativamente na sua aposentadoria.

Planejamento Sucessório

Por fim, é fundamental considerar o planejamento sucessório ao realizar o planejamento para aposentadoria. Garantir que seus ativos sejam transferidos de forma eficiente para seus herdeiros ou beneficiários é um passo importante para preservar seu legado e assegurar a continuidade do suporte financeiro para seus entes queridos.

Conclusão - Planejamento para aposentadoria

Planejamento para aposentadoria: É imprescindível começar o planejamento para aposentadoria o mais cedo possível. Ao estabelecer metas de poupança e investir em planos de previdência complementar, é possível garantir uma renda estável e confortável no futuro. O planejamento para aposentadoria deve considerar aspectos como a expectativa de vida e os gastos com saúde após o término da vida profissional.

Exercícios Práticos

Vamos colocar os seus conhecimentos em prática

4 Exercícios Práticos

Nesta lição, colocaremos a teoria em prática por meio de atividades práticas.

Clique nos itens abaixo para conferir cada exercício e desenvolver habilidades práticas que o ajudarão a ter sucesso na disciplina

Análise de gastos mensais

Para esse exercício, faça uma análise dos seus gastos mensais. Liste todas as suas despesas fixas (aluguel, contas de água, luz, internet, etc.) e também as despesas variáveis (alimentação, lazer, entretenimento, etc.). Calcule o total gasto em cada categoria e compare com a sua renda mensal. Analise se existe algum gasto excessivo ou desnecessário e pense em formas de reduzi-lo ou eliminá-lo. Anote suas conclusões e faça um plano de ação para melhorar seu controle financeiro.

Cálculo de rentabilidade de uma aplicação financeira

Nesse exercício, escolha uma aplicação financeira que você tem interesse em investir, como um CDB, Tesouro Direto ou Fundo de Investimento. Pesquise as taxas de rentabilidade oferecidas pelo investimento e calcule quanto você teria ao final de um determinado prazo, considerando um determinado valor investido inicialmente. Considere também a incidência de impostos e taxas. Compare diferentes opções de investimentos e faça uma análise de qual seria a melhor opção para o seu objetivo financeiro.

Cálculo de valor necessário para aposentadoria

Neste exercício, faça um levantamento dos seus gastos mensais atuais e projete-os para a sua aposentadoria. Considere fatores como inflação e aumento da expectativa de vida. Calcule o valor necessário para ter uma renda mensal satisfatória durante a aposentadoria, levando em conta a sua expectativa de vida e o tempo que falta para se aposentar. Analise se os seus investimentos atuais são suficientes para alcançar esse valor ou se você precisa fazer ajustes no seu planejamento financeiro.

Resumo

Vamos rever o que acabamos de ver até agora

5 Resumo

Orçamento pessoal e controle financeiro: Compreender a importância de um orçamento pessoal e do controle financeiro é fundamental para manter as finanças em ordem. Através do equilíbrio entre receitas e despesas, é possível alcançar metas financeiras e evitar dívidas desnecessárias.

Investimentos de curto, médio e longo prazo: Conhecer as diferentes opções de investimentos de curto, médio e longo prazo é essencial para tomar decisões financeiras acertadas.

Ao diversificar a carteira de investimentos e considerar o perfil de risco, é possível obter retornos significativos e alcançar objetivos financeiros.

Planejamento para aposentadoria: É imprescindível começar o planejamento para aposentadoria o mais cedo possível. Ao estabelecer metas de poupança e investir em planos de previdência complementar, é possível garantir uma renda estável e confortável no futuro. O planejamento para aposentadoria deve considerar aspectos como a expectativa de vida e os gastos com saúde após o término da vida profissional.

Conclusão

Parabéns!

Parabéns por concluir este curso! Você deu um passo importante para liberar todo o seu potencial. Concluir este curso não é apenas adquirir conhecimento; trata-se de colocar esse conhecimento em prática e causar um impacto positivo no mundo ao seu redor.

 Compartilhar este curso

www.ingramcontent.com/pod-product-compliance
Lightning Source LLC
Chambersburg PA
CBHW062208220526
45470CB00009B/2977